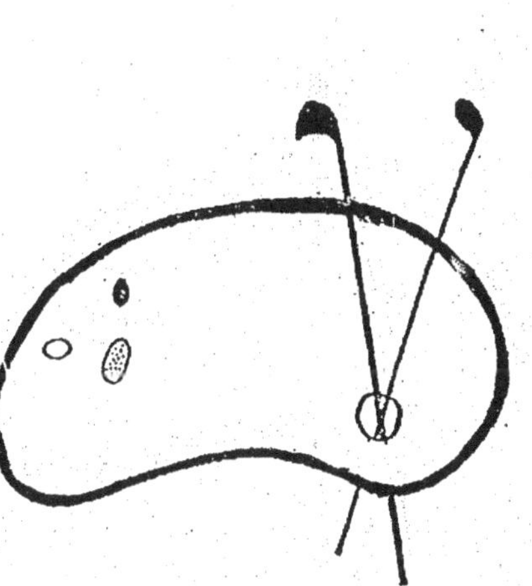

DÉBUT D'UNE SÉRIE DE DOCUMENTS
EN COULEUR

Couverture inférieure manquante

JEAN BONSENS

RÉORGANISATION
DES COURS D'ADULTES

Causeries, Conférences, Lectures publiques, Récréations littéraires et musicales, Fêtes civiques.

(Mémoire envoyé à une Réunion d'Instituteurs.)

Ouvrage précédé du Discours à la Chambre des Députés de
FERDINAND BUISSON
DIRECTEUR DE L'ENSEIGNEMENT PRIMAIRE,
et suivi des **DÉCRETS**
Instituant les Cours d'Adultes et Conférences.

PRIX : 50 CENTIMES

Librairie de la FRANCE SCOLAIRE
5, Rue Mayet, Paris.

1895

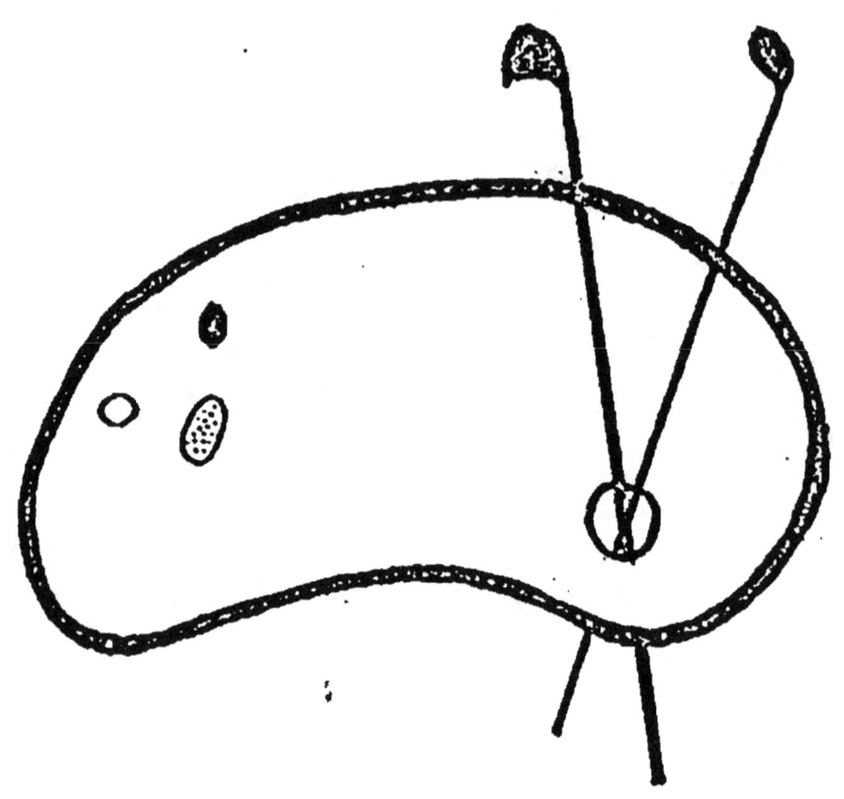

FIN D'UNE SERIE DE DOCUMENTS
EN COULEUR

RÉORGANISATION

DES

COURS D'ADULTES

JEAN BONSENS

RÉORGANISATION
DES COURS D'ADULTES

Causeries, Conférences, Lectures publiques, Récréations littéraires et musicales, Fêtes civiques.

(Mémoire envoyé à une Réunion d'Instituteurs.)

Ouvrage précédé du Discours à la Chambre des Députés de
FERDINAND BUISSON
DIRECTEUR DE L'ENSEIGNEMENT PRIMAIRE,
et suivi des DÉCRETS
Institutuant les Cours d'Adultes et Conférences.

PRIX : 50 CENTIMES

Librairie de la FRANCE SCOLAIRE
5, Rue Mayet, Paris.

1895

TABLE

DISCOURS

PRONONCÉ PAR

M. BUISSON

à la Chambre des Députés, le 14 Février 1895

(*Journal Officiel*, 15 Février 1895.)

M. Buisson, *directeur de l'enseignement primaire, commissaire du Gouvernement.* — Messieurs, M. le Ministre me fait l'honneur de me charger de répondre quelques mots au discours que vous venez d'entendre.

J'ai à faire à M. Prudent-Devillers deux réponses qui ne me sont pas également agréables, mais je me réjouis assez d'avoir à faire la première pour me consoler de la seconde.

La première concerne la question de principe.

La proposition qui vient de vous être soumise est de celles sur lesquelles il ne peut pas y avoir un instant d'hésitation, non seulement de la part du Gouvernement, mais, je crois pouvoir le dire, de la part du Parlement. C'est en effet l'évidence même aujourd'hui qu'il faut que l'école primaire laïque telle que la République l'a faite, étende et développe son action bien au delà des limites dans lesquelles elle a été obligée jusqu'à présent de s'enfermer. (*Applaudissements à gauche.*)

L'école primaire a été, vous le savez tous, étrangement attaquée depuis quelque temps : elle a été attaquée pour ce qu'elle fait, elle l'a été pour ce qu'elle ne fait pas. On lui a reproché sur tous les tons, quelquefois avec une violence qui dépassait ce qu'on aurait pu attendre d'adversaires sérieux, d'avoir négligé l'œuvre de l'éducation morale et civique. Elle a été accusée d'impuissance, d'insuffisance, d'insignifiance ; on a dit que les promesses qu'elle avait faites n'avaient pas été tenues ; on a parlé de « faillite », — c'est le mot du jour, le mot à la mode. Il n'en est pas de plus faux. L'école laïque est aussi loin de la banqueroute qu'elle a été loin des illusions exagérées et des enthousiasmes puérils.

Ceux qui l'ont conçue et fondée n'ont pas supposé un instant qu'elle arriverait du jour au lendemain à transformer la nation, qu'elle créerait d'un coup de baguette magique tout un nouvel ordre de choses au sein de notre démocratie. Elle n'a pas dit son dernier mot. Mais si l'on veut qu'elle achève son œuvre, qu'elle atteigne l'ample résultat que la République lui a commandé de poursuivre, il est certain qu'il ne faut pas qu'elle s'enferme dans le cycle infiniment étroit où jusqu'à présent elle est restée. (*Très bien ! très bien !*)

Actuellement l'école primaire, publique, obligatoire, — l'école nationale si vous me permettez le mot...

A gauche. C'est le mot exact !

M. le Commissaire du Gouvernement.
... cette école-là ne reçoit les enfants que jusqu'à l'âge de onze, de douze ou treize ans au maximum et dans des cas trop rares.

Peut-on supposer sérieusement que l'œuvre d'éducation est finie pour qui que ce soit à onze ou à treize ans ? Que seraient nos enfants, à nous autres qui avons le bonheur de pouvoir les faire élever dans les établissements secondaires, si leur éducation, leur développement moral et intellectuel se terminaient à onze ans ? (*Applaudissements à gauche.*)

Il est donc de toute nécessité que l'école primaire développe son mandat ou plutôt le remplisse tout entier. Or, elle ne peut le remplir qu'à la condition d'ajouter beaucoup à ce minimum d'instruction obligatoire, que l'on définissait l'autre jour ici-même : « lire, écrire et compter », définition assurément trop restreinte. A ce minimum, l'école républicaine est tenue d'ajouter ce qui est indispensable à de futurs citoyens français : la connaissance de leurs droits et de leurs devoirs de citoyens, et la préparation à la vie qui les attend. (*Applaudissements à gauche et au centre.*)

Autant il serait injuste de demander à l'école de remplir cette tâche et d'accomplir cette œuvre éducatrice sur des enfants de moins de douze ans, autant on peut dire que c'est le devoir, et suivant un mot heureux, « l'effort nécessaire » dans une démocratie qui veut vivre, de prolonger l'action de l'école et de faire déborder son action par dessus les bornes étroites de la classe.

Il n'y a qu'une voix dans le pays républicain pour demander à l'instituteur, aux commissions scolaires, aux délégués cantonaux, à tous ceux qui s'intéressent à l'école, d'unir leurs efforts comme en un faisceau commun pour continuer l'œuvre de l'école au delà de l'école, jusqu'à cette période que l'honorable M. Bourgeois, dans l'admirable discours à Nantes dont on parlait tout à l'heure, signalait si franchement comme la période critique où se perdent, où risquent de disparaître la plupart des germes si laborieusement semés par l'instituteur.

« De treize à vingt ans, de l'école au régiment », voilà la période de tous les périls, celle où le jeune homme désapprend vite ce que l'enfant a appris si lentement ; voilà l'âge où l'influence de l'école et celle souvent de la famille s'effacent pour en laisser agir d'autres, parfois toutes contraires. C'est à ce moment-là que le pauvre adolescent, isolé, démuni, s'il est livré à de mauvais exemples, à de mauvaises passions, risque de se laisser entraîner à tous les sophismes, à toutes les défaillances, aux plus fausses idées sur la vie et sur le devoir, tout au moins à des idées de paresse et d'indifférence qui ruinent bientôt tout ce que l'école a pu faire pour lui élever l'esprit et le cœur. (*Très bien ! très bien !*)

C'est sur ce point précis, sur ce point douloureux, qu'il faut que la société porte maintenant tous ses efforts.

Après l'enfance, la jeunesse; car elle aussi a besoin d'éducateurs. C'est cette seconde partie de l'éducation populaire que l'on a longtemps désignée, que l'on vient encore tout à l'heure de désigner par un terme pour lequel j'ai, pour ma part, le plus grand respect, attendu qu'il rappelle un des plus beaux efforts faits sous l'empire par un ministre qui aurait mérité d'être ministre de la République.

M. de Baudry-d'Asson. Il y eût été déplacé ! (*Bruit.*)

M. le Ministre de l'Instruction publique. Nous avons donné son nom à l'un de nos lycées.

M. le Commissaire du Gouvernement. Je veux parler des cours d'adultes, cette généreuse création d'un ministre qui s'est dévoué à faire beaucoup pour l'éducation populaire, trop longtemps négligée.

Aujourd'hui l'œuvre est toute différente ; nous n'avons plus à grouper, pour leur enseigner les premiers rudiments, des garçons de vingt ans, ne sachant ni lire ni écrire; ils le savent. Ce que nous avons à leur apprendre, c'est de vouloir lire, de savoir lire, d'aimer à lire de bonnes choses, de discerner entre les bonnes et les mauvaises. Nous avons à leur donner dans ce complément d'éducation et d'instruction, une orientation qui, pour toute leur vie d'homme et non plus d'enfant, leur servira, les guidera et leur permettra de rendre des services à leur pays, au lieu de lui faire du mal. Voilà ce que nous avons à faire dans les cours d'adultes aujourd'hui.

Eh bien ! à de nouvelles conceptions, les vieux mots ne suffisent pas ; c'est un vin nouveau qu'il ne faut pas verser dans les vieilles outres.

L'ancienne classe d'adultes, classe du soir pareille aux classes du jour, ce n'est plus cela que nous demandons ; ce n'est pas cela dont la République a besoin.

Que nous faut-il de nouveau ?

Il nous faut ce que nous apportent précisément les nombreuses sociétés d'instruction, toutes issues du souffle républicain, que nous voyons depuis quelques années se multiplier sous nos yeux avec une admirable fécondité. Les vrais pionniers de cette nouvelle campagne d'instruction populaire, ce sont toutes ces associations qui font de l'éducation par l'enseignement et de l'enseignement par le libre élan tant des maîtres que des élèves. Leur premier caractère, leur première condition de succès, c'est leur variété de formes, leur diversité de programmes, leur souple adaptation aux besoins locaux. Les besoins ne sont pas les mêmes, Messieurs, à la campagne et à la ville ; ils ne sont pas les mêmes dans toutes les villes, ils ne sont pas les mêmes à tous les âges, ni dans tous les groupes de population.

Il faut laisser à ces différentes sociétés qui ont pris la libre et glorieuse initiative à laquelle nous assistons, le mérite et l'honneur de poursuivre ce qu'elles ont entrepris comme elles l'ont entrepris.

Que doit faire le Gouvernement? Il doit les aider, les subventionner, leur faciliter l'exercice du mandat qu'elles se sont volontairement donné.

On citait tout à l'heure deux de ces sociétés; on en pourrait citer bien d'autres. J'ai eu occasion d'en faire le dépouillement, et la joie de constater que depuis quelques années, outre la Ligue de l'enseignement et les autres grandes sociétés, il s'est formé d'un bout à l'autre de la France de petites sociétés locales d'instituteurs ou d'amis de l'enseignement qui font de leur mieux dans les conditions les plus modestes pour répandre cette instruction complémentaire utile aux enfants, aux adolescents et aux adultes : ici, c'est l'enseignement agricole ; ailleurs, des cours professionnels, des enseignements techniques précieux pour les ouvriers.

D'autres ont simplement pour but de donner à ces populations villageoises trop souvent sevrées de tout plaisir intellectuel l'occasion de se réunir pour assister à une conférence, à une lecture intéressante, parfois — pourquoi ne pas le dire ? — à une sorte de représentation, qui est une fête au village. L'hiver dernier, la lanterne magique, dont on a ri jadis, a procuré, par les soins d'une seule société fondée au Havre par un instituteur et un négociant, sous le nom un peu plus relevé de « projections lumineuses », des veillées aussi charmantes qu'instructives dans quelque 15,000 communes à des gens qui, sans cela, n'auraient jamais mis le pied à l'école. (*Applaudissements.*)

C'est cette activité multiple et variée qu'il faut

encourager sans prétendre l'enrégimenter. Or,
les encouragements de l'État rencontraient jusqu'ici une première difficulté, c'était la réglementation.

Désireux de lever cet obstacle, le prédécesseur
de M. le Ministre, l'honorable M. Leygues, m'a-
vait chargé de préparer pour le conseil supérieur
un projet qui par lui-même n'a pas grande portée,
mais qui permettait de lever toutes les entraves
de l'ancienne réglementation. Ce projet a été
soumis au conseil supérieur. Celui-ci, partageant
absolument les sentiments de toute la France
républicaine pour ce mouvement que nous
voyons s'annoncer et qui marque la seconde
phase du développement de l'instruction laïque,
a immédiatement approuvé ce projet et remis
toutes choses sur le pied de la liberté pure et
simple.

Facilités pour tous, secours pour tous, aide à
tous, aucune obligation d'uniformité, aucune
règle commune, aucune formalité à remplir,
comme jadis, devant les divers fonctionnaires.
On a simplifié autant que possible un ensemble
de mesures réglementaires qui avaient été un peu
trop calquées sur nos vieux errements, un peu
trop conformes à nos vieilles traditions adminis-
tratives, dont nous savons nous corriger quelquefois. (*Applaudissements.*)

On s'en est donc corrigé, et ce projet est devenu
le décret du 11 janvier de cette année. C'est vous
dire, Messieurs, que la mesure est toute nouvelle,
que, par conséquent, elle n'a pu avoir encore

d'effet sur le budget que vous discutez. Et me voilà ainsi amené à la question financière, à la seconde réponse que je suis chargé de vous apporter.

En même temps que le ministre élargissait et assouplissait les cadres des cours d'adultes, des conférences populaires et de tout l'enseignement complémentaire dont vous entrevoyez le plan, pouvait-il, devait-il ouvrir d'office au budget de 1895 un chapitre prévoyant un gros crédit destiné à alimenter cet effort nouveau ?

Ou s'il ne l'a pas fait et puisque l'on pose aujourd'hui la question, faut-il que vous le fassiez à sa place ? En conséquence, est-il strictement nécessaire d'inscrire au budget ce crédit de 100,000 fr. qui vous est proposé ?

Je ne le crois pas et voici pourquoi : D'une part, M. le Ministre dispose d'un crédit qui lui permet, sous la rubrique « Cours d'adultes », de distribuer une somme de 20,000 fr. — un peu plus même, puisque le ministre a toujours le droit de se mouvoir dans l'ensemble du chapitre. D'autre part, il y a un autre article destiné à subventionner les sociétés d'enseignement ; c'est donc 20,000 fr. d'un côté et une soixantaine de mille francs de l'autre, représentant ensemble un crédit sur lequel peuvent être prélevées les premières dotations pour l'enseignement populaire des adultes, crédit évidemment insuffisant comme chiffre définitif, mais qui permet de commencer.

Notez bien d'ailleurs que le trait caractéristique du nouveau régime est que le Gouvernement ne prétend pas tout faire, tout payer, tout rétribuer directement, en tarifant à l'avance réglementairement tous les bons offices soit des instituteurs, soit des communes, soit des comités. Non, il s'adressera le plus possible aux groupes déjà bénévolement constitués, aux intermédiaires qui ont fait leurs preuves. Aide-toi, le ciel t'aidera ! Les premiers que l'on aidera, ce sont ceux qui ont commencé tout seuls et qui ont fait quelque chose. Il est juste que ceux qui ont payé de leur personne soient les premiers bénéficiaires de l'appui gouvernemental. (*Très bien! très bien!*)

Cela étant, et vu l'époque de l'année où nous sommes, vu l'époque où sera voté le budget — ce sera le 1ᵉʳ mars, je crois, à moins que ce ne soit plus tard (*On rit*) — il est bien évident que la campagne des cours d'adultes de cet hiver sera à peu près finie. Ce n'est pas pendant les mois d'été que se fait ce grand travail. Par conséquent nous n'avons pas pour cet objet un pressant besoin d'argent quant à cette année. L'argent ne se refuse jamais, évidemment, et si nous l'avions, il ne serait pas difficile de le bien employer. Mais on ne peut pas dire qu'il soit indispensable d'en avoir beaucoup tout de suite. L'important est d'en avoir pour le prochain exercice, pour imprimer une impulsion vigoureuse à cette campagne scolaire de l'hiver 1895-1896.

Pour le moment, il s'agit de faire comprendre à tous dans quelle voie il va falloir marcher, il s'agit de faire entendre que le Gouvernement est résolu à soutenir un nouvel et grand essor de l'éducation républicaine. Ce qui importe, c'est que l'on sache dès à présent dans les villes et dans les campagnes que la République fait appel à de nouveaux dévouements pour une marche en avant de l'enseignement laïque. En vue de déterminer et de diriger ce mouvement, M. le Ministre a déjà prescrit — il m'a autorisé à faire cette confidence à la tribune — une étude très approfondie de ce qui peut être fait en province, dans les principaux centres qui ont les premiers témoigné leur zèle, et il a confié à ce sujet une enquête et une sorte de mission d'inspection générale à un des hommes (1) les plus capables de remplir cette mission d'abord, et ensuite de stimuler, partout où il passera, l'esprit qu'il a puisé lui-même à bonne école, puisqu'il est un des promoteurs de cette heureuse campagne et en a été l'ardent défenseur à la Ligue de l'enseignement. (*Très bien ! très bien !*)

Ce travail de préparation et d'information, ce premier essai d'organisation pratique sur des données sûres, qui permettront d'établir les besoins budgétaires pour l'année prochaine, voilà l'œuvre urgente d'aujourd'hui. A demain, l'œuvre de demain.

Au point où nous en sommes, le plus pressé n'est pas tant de commencer immédiatement par faire une distribution de vivres, en quelque sorte, c'est de donner le signal à ces volontaires qui l'attendent impatiemment, c'est de dire aux sol-

---

(1) M. Édouard Petit. — N. D. L. D.

dats de cette armée : Il faut marcher, voici comment; il faut marcher, voilà où nous voulons aller ; êtes-vous prêts ? En avant, et l'on vous soutiendra. (*Vifs applaudissements au centre et à gauche.*)

RÉORGANISATION

DES

COURS D'ADULTES

Causeries, Conférences,
Lectures publiques,
Récréations littéraires et musicales,
Fêtes civiques.
(Mémoire envoyé à une Réunion d'Instituteurs.)

I

L'institution des cours d'adultes n'a jamais donné les résultats qu'on en espérait ; aussi leur suppression n'a-t-elle causé, dans la plupart des communes, ni émotion, ni surprise.

Est-ce à dire que le besoin de ces cours du soir ne se faisait point sentir ? Qu'une fois sortis de l'école primaire pour aller travailler aux champs ou à l'atelier, les jeunes gens n'éprouvent pas le désir d'entretenir les connaissances acquises, de les étendre encore, de se former un jugement plus approfondi sur des sujets qu'ils n'ont fait qu'entrevoir ou effleurer ?

Non ; s'il en était ainsi, il faudrait en conclure que l'enseignement donné à l'école primaire est tout à fait insuffisant. L'enfant qui a goûté tant soit peu au fruit de l'arbre de science éprouvera toute sa vie la curiosité, le désir, le besoin impérieux d'y revenir et d'en savourer les douceurs ; à moins qu'il ait le goût dépravé, qu'il ait eu l'esprit faussé, que son éducation soit ratée.

Il est vrai qu'avec notre système actuel d'éducation, ce malheur arrive fort souvent, et peut-être faut-il voir là une des raisons pour lesquelles les cours d'adultes sont tombés en désuétude.

Mais voici, je crois, les principales causes :

Au début, ces cours étaient suivis surtout par des jeunes gens complètement illettrés, qui n'avaient jamais pu fréquenter l'école primaire. Ces malheureux arrivaient à l'école du soir, pleins du désir d'apprendre au plus vite à lire et à écrire ; ils pensaient qu'il est beaucoup plus facile de le faire à vingt ans qu'à cinq ou six ; ce en quoi ils étaient dans l'erreur : la fleur de la mémoire et des tendres impressions était déjà fanée chez eux, et lorsqu'après deux ou trois mois d'efforts, ils regardaient le peu de résultats obtenus, ils tombaient dans le découragement.

D'un autre côté, les élèves plus avancés auraient voulu que le maître leur consacrât tout son temps. Et ils étaient souvent de forces bien différentes, ou désiraient des leçons spéciales : les uns voulaient compléter leurs études de langue française, d'autres voulaient des mathématiques, de la comptabilité, du dessin, etc. Comment leur donner satisfaction ? Cela n'était possible que dans les écoles à plusieurs maîtres, par une organisation sérieuse qu'on ne tenta jamais. Dans les écoles à un seul maître, on aurait pu essayer de faire, à certains jours, des cours spéciaux pour les élèves de même force ou de même profession ; on ne le fit pas : le règlement sur la matière unifiait toutes les écoles dans le même moule. C'était et ce sera longtemps encore une des beautés de la centralisation !

Beaucoup de maîtres se contentèrent, pour conserver leurs cours d'adultes, — ou plutôt la rétribution que ceux-ci leur rapportaient, — de transformer leurs salles de classe en salles de jeu, où les jeunes gens de la commune venaient passer leurs soirées d'hiver. Les cours les moins sérieux étaient les plus suivis, et les maîtres les plus... *habiles*, les mieux récompensés. O falsification, voilà bien de tes coups ! Ces abus ne pouvaient subsister longtemps.

En présence des lois scolaires établissant l'obligation et la gratuité de l'enseignement primaire, les cours d'adultes tels qu'ils existaient autrefois n'ont plus leur raison d'être : il ne devrait plus y avoir d'illettrés. (Hélas !) Ces cours doivent être réorganisés, non plus pour suppléer au manque d'instruction primaire, mais pour étendre cette instruction chez ceux qui ont dû quitter l'école dès l'âge de 13 ou 14 ans.

Une fois l'école primaire imposée à tous, ou plutôt ouverte à tous, comme étant le plus grand bienfait que la patrie républicaine puisse accorder à ses enfants, une fois l'école secondaire ou supérieure offerte à tous ceux qui, riches comme pauvres, ont parcouru avec succès la première étape de l'instruction et sont reconnus aptes, après examen, à parcourir les étapes suivantes, il reste à s'occuper de ceux qui, vers l'âge de 14 ans, quittent l'école obligatoire pour aller travailler aux champs ou à l'atelier. N'est-il pas urgent d'organiser pour eux, jusqu'à l'âge de vingt ans, des cours périodiques, des conférences, des exercices gymnastiques et militaires (qui permettraient de réduire à deux ans le service actif au régiment), des fêtes civiques, des récréations morales et littéraires, des jeux, des orphéons ? Sous le régime théocratique, l'Église prenait l'homme au berceau et le conduisait jusqu'à la tombe. La république démocratique doit l'imiter en cela. Seulement, au lieu d'aveugler l'humanité par le dogme, de la courber sous l'horreur du mystère, de noyer la liberté dans les flots de l'ignorance, de la superstition et de l'injustice sociale, de créer la misère ici-bas en promettant aux naïfs un bonheur ultra-terrestre, la République, elle, doit répandre partout la lumière de la Science, semer dans les cœurs les idées de justice et de solidarité, afin de réaliser dans la société la plus grande somme de bonheur possible ; élever les âmes vers un grand idéal, toujours désiré, jamais atteint, parce qu'il est l'*Infini*.

II

La religion de l'avenir, disent tous nos philosophes contemporains, c'est la science, c'est l'union des esprits libres dans la recherche de la justice et de la vérité.

Michelet, à l'âge de vingt-deux ans, songeait déjà à cette nouvelle organisation religieuse basée sur la science : « Je médite, écrivait-il, de faire » un livre qui réponde aux besoins de l'âme mo- » derne. Celui-ci par exemple : ÉTUDE RELIGIEUSE » DES SCIENCES NATURELLES DANS LEURS NOTIONS LES » PLUS POPULAIRES. Voilà encore un beau sujet pour » des cours qui seraient des espèces de *fêtes* » *religieuses*. On viendra à cette forme d'ensei- » gnement à la fois simple et très varié, la seule » qui serait proportionnée aux diverses intelli- » gences. On y viendra, dis-je, à mesure que les » formes religieuses se seront épurées. Les mé- » thodes se perfectionnant chaque jour davanta- » ge, deviendront vraiment élémentaires.

» MICHELET. *Mon Journal.* »

Cette prédiction n'est-elle pas en train de se réaliser ?

Si nos dirigeants ont conscience de l'évolution qui se produit, ne devraient-ils pas établir ce complément de l'éducation démocratique?

Par l'obligation de l'enseignement, l'État se fait le protecteur de l'enfant du peuple contre l'abandon ou l'incurie possible de sa famille; il le prend sous sa protection jusqu'à l'âge de 13 ans, pour lui donner le minimum d'instruction nécessaire au futur citoyen, puis il l'abandonne, faible encore, au sein d'une société sceptique, en pleine décomposition, où le travail manque, où le jeune homme n'a nul moyen d'utiliser ses connaissances et ses aptitudes.

Dans cet intervalle de 13 à 20 ans qui sépare la vie d'école de celle de la caserne, à ce bel âge de l'adolescence où l'âme comme le corps doit acquérir tout son développement, le jeune homme est abandonné par la mère Patrie, en proie aux difficultés et aux embûches de la vie ; rien n'est organisé pour favoriser son essor vers la liberté et ses grands devoirs : c'est le jeune oiselet élevé en cage et jeté brusquement au sein de la nature avant d'avoir des ailes. Lorsque la Patrie daigne se souvenir de ce jeune homme pour l'appeler a sa défense, les bons principes reçus à l'école ont depuis longtemps disparu, noyés dans le scepticisme à la mode et dans le découragement précoce qui accompagne les luttes stériles.

Et que ne pourrait-on pas dire surtout de l'affreuse situation faite à la jeune fille pauvre ?...

. . . .

Voyez-vous, mes chers Collègues, où je veux en venir ? Vous êtes effrayés peut-être du rôle nouveau que je voudrais vous voir remplir. Vous qui ployez déjà sous le poids d'une réglementation abusive, vous trouverez qu'il est insensé d'imaginer des devoirs nouveaux à ajouter à la somme de ceux qui vous accablent déjà. Aussi, je ne désire point que ces nouveaux devoirs vous soient imposés officiellement : ils y perdraient de leur valeur. Ils germeront dans vos consciences, dans vos cœurs généreux, comme une mission sociale à laquelle vous ne pourrez vous soustraire. Semblables au Christ du Jardin des Oliviers, vous aurez beau souhaiter que ce « calice s'éloigne de vous », il vous faudra le boire, c'est-à-dire accepter toutes les conséquences de la mission qui vous attend à l'avant-garde de la démocratie.

Non-seulement, vous éprouverez le besoin de parler à vos frères des choses dites *utilitaires*, hygiène, agriculture, industrie, etc., suivant les milieux où vous serez placés ; mais vous voudrez développer chez le Peuple l'amour du bien, du beau, et du vrai, l'amour de la Justice, de la fraternité. Vous prêcherez une morale simple, une religion qui n'aura rien de dogmatique, rien d'orgueilleux, rien d'effrayant ; qui ne sera pas une imposture, qui ne damnera personne, mais qui essaiera constamment, ainsi que le dit M. Renan, « de réaliser ici-bas le bonheur que les prêtres » des religions dites révélées ont placé dans un » ciel fantastique (1). »

III

Que d'autres viennent ici, dans cette assemblée, plaider la cause de nos intérêts matériels ; je trouve que leurs aspirations vers le mieux-être

____

(1) Renan. — *L'Avenir de la Science.*

sont légitimes et que le temps est passé pour tous les humains de s'incliner devant 'te parole menteuse : « *Bienheureux ceux qu_ _uffrent !* » mais je dis que la Démocratie naissante ne nous doit que proportionnellement aux services que nous lui rendons, qu'il n'est pas désirable que notre situation matérielle s'améliore avant celle du peuple lui-même. Sortis de lui, nous devons souffrir avec lui et pour lui, afin de pouvoir triompher un jour ensemble des priviléges et des iniquités sociales. Je dis que nous devons chercher avant tout le règne de la justice, et que le reste nous viendra par surcroît.

Quoi ! n'auriez-vous d'autre ambition que d'arriver le plus tôt possible à singer les petits bourgeois ? Au lieu de lutter contre l'ignorance des foules, voudriez-vous l'exploiter, vous aussi, et vous en faire un marche-pied pour monter au pinacle des privilégiés ? Espérez-vous, hissés sur un monceau d'iniquités, regarder d'un œil sec vos frères restés en bas, grouillant dans la misère morale et physique ? Ce serait un grand malheur ; de tels sentiments ne vous mèneraient pas au triomphe. Et vous êtes destinés à triompher : le peuple a mis en vous ses plus belles espérances ; il attend de vous l'émancipation intellectuelle et morale. Ne comptez pas que d'autres viennent vous suppléer dans cette œuvre. Le Catholicisme et après lui la Réforme ont donné ce qu'ils pouvaient donner. C'est en vain que le Catholicisme, obéissant, pour ainsi dire, à la prédiction d'Edgar Quinet, — 1845, — essaie de s'offrir successivement à tous les partis, c'est en vain qu'il tente de se régénérer dans l'esprit républicain qui le renverse : le peuple s'éloigne de lui comme on s'éloigne du cadavre d'un ancien ami. « Jamais il ne » sera plus l'âme ni la religion de la France. »

Voulez-vous donc que la France reste sans âme, sans religion ? Je l'ai dit ailleurs (1): « L'ins- » tituteur sera placé à la base de l'édifice républi- » cain démocratique, comme le prêtre fut placé à » la base de l'édifice théocratique et monarchi- » que. » C'est dans l'ordre. L'évolution qui se produit a été prédite et annoncée par nos prophè- tes. Car nous aussi, nous avons des prophètes, et voilà que les temps sont proches !

Écoutez Renan :

« C'est fatalement, dit-il, que l'humanité culti- » vée a brisé le joug des anciennes croyances ; » elle a été amenée à les trouver inacceptables, » est-ce sa faute ? Peut-on croire ce que l'on » veut ? Il n'y a rien de plus fatal que la raison. » C'est fatalement et sans que les philosophes » l'aient cherché, que le peuple est devenu à son » tour incrédule. A qui la faute encore, puisqu'il » n'a pas dépendu des premiers incrédules de » rester croyants et qu'ils eussent été hypocrites » en simulant des croyances qu'ils n'avaient pas, » ce qui d'ailleurs eut été peu efficace, car le men- » songe ne peut rien dans l'histoire de l'huma- » nité. C'est fatalement enfin que le peuple » incrédule s'est élevé contre ses maîtres en in-

---

(1) *A propos de la discipline dans les écoles primai- res. 1 vol, in-8°.*

» crédulité et leur a dit : Donnez-moi une part
» ici-bas, puisque vous m'enlevez la part du ciel.

» Tout est donc nécessaire dans ce développe-
» ment de l'esprit moderne. Toute la marche de
» l'Europe depuis quatre siècles se résume en
» cette conclusion pratique : *élever, ennoblir le*
» *peuple*, donner part à tous au travail de l'es-
» prit. Qu'on tourne le problème sur toutes ses
» faces, on en reviendra là. A mes yeux, c'est la
» question capitale du XIXᵉ siècle : toutes les au-
» tres réformes supposent celle-là.

» Maintenir une portion de l'humanité dans la
» brutalité est immoral et dangereux ; lui rendre
» la chaine des anciennes croyances est impos-
» sible. Il reste donc un seul parti, c'est d'élar-
» gir la grande famille, de donner place à tous au
» banquet de la lumière . . . .

» Oui, la morale comme la politique se résume
» en ce grand mot: Élever le peuple. La morale
» aurait dû le prescrire en tout temps ; la politi-
» que le prescrit plus impérieusement que jamais,
» depuis que le peuple a été admis à la partici-
» pation aux droits politiques.

» Le suffrage universel ne sera légitime que
» quand tous auront cette part d'intelligence sans
» laquelle on ne mérite pas le titre d'homme, et
» si, avant ce temps, il doit être conservé, c'est
» uniquement comme pouvant servir puissam-
» ment à l'avancer.

» La stupidité n'a pas le droit de gouverner le
» monde. Comment, je vous prie, confier les des-
» tinées de l'humanité à des malheureux ouverts

» par l'ignorance à toutes les captations du char-
» latanisme, ayant à peine le droit de compter
» pour des personnes morales ? État déplorable
» que celui où, pour obtenir les suffrages d'une
» multitude omnipotente, il ne s'agit pas d'être
» vrai, savant, habile, vertueux, mais d'avoir un
» nom ou d'être un audacieux charlatan. »

Eh bien, pensez-vous, mes chers collègues, que l'éducation que nous donnons dans nos écoles neutres soit suffisante pour préserver ce peuple des « captations du charlatanisme » ? Non, Nous avons beau traiter les enfants de treize ans comme de petits hommes ; cette culture trop hâtive de l'intelligence humaine est contre nature : elle produit des plantes vigoureuses en apparence, mais qui se flétrissent vite en plein soleil. Nous faisons des avortons !

Combien de lauréats du certificat d'études primaires quittent l'école enflés de vanité, se croyant déjà de petits savants ! Cela fait pitié ! Ils savent lire, ces futurs avocats de village ; mais que liront-ils ? Pouvez-vous exiger d'eux, dès maintenant, un discernement qui n'est pas de leur âge ? Une fois abandonnés à eux-mêmes, sans guide, pensez-vous qu'ils choisiront pour alimenter leur âme, les vérités les plus substantielles, qu'ils n'iront pas à ces friandises plus ou moins frelatées qui flatteront leur imagination, à cette littérature épicée qui a tant de succès de nos jours, qui anémie notre jeune génération et se fait gloire de signifier : *Décadence.*

Certes, je suis partisan de la liberté de la presse,

de la liberté d'écrire ; mais, en face, je voudrais des lecteurs intelligents et libres aussi de faire un bon choix. Les mauvais lecteurs sont bien plus nombreux et plus à craindre que les mauvais livres ; ceux-ci, du reste, n'existeraient pas sans ceux-là.

Que l'on sème dans le vaste champ de la liberté, à travers les plantes utiles, des fleurs vénéneuses à l'éclat séduisant, c'est dans l'ordre naturel des choses ; mais si vous donnez des ailes aux abeilles pour aller butiner leurs sucs, ne privez pas ces petites laborieuses de l'instinct du goût et du discernement : elles nous feraient un miel détestable, empoisonné.

Instituteurs *neutres*, c'est-à-dire *nuls*, ou au moins indifférents au point de vue religieux, philosophique, politique, voilà notre rôle ; jamais un homme de cœur, un instituteur vrai ne pourra s'en contenter. Jadis cet homme était un instrument entre les mains du clergé et collaborait machinalement à son œuvre d'abêtissement en enseignant son vieux *credo*. Il s'agissait alors de plier l'humanité sous cette grande exploiteuse des consciences : l'Église. Il a changé de maître ; voici maintenant l'exploiteur de la matière qui lui dit : « Ce peuple était à genoux ; tu vas le rele- » ver ; c'est un progrès. Tu vas l'instruire un » peu, pas trop ; assez cependant pour qu'il de- » vienne entre mes mains un meilleur instrument » de production . . . . Garde-toi de toucher à ces » vieilles superstitions. Pas d'idéal, pas d'aspira- » tions vers l'éternelle justice ; qu'il sache mieux

» travailler pour que je puisse, au besoin, l'utili-
» ser ; voilà ce que je te demande.

» — Et que produira-t-il ?

» — La richesse.

» — Pour qui ? pour la nation sans doute ?

» — Pour... quelques-uns ; la misère res-
» tera le lot du plus grand nombre. »

Voilà où nous en sommes !

IV

Qu'il me soit permis de dire aussi ce que je
pense des jeunes gens qui sortent de nos écoles
secondaires ; après tout, la plupart sont de nos
anciens élèves.

Beaucoup d'enter eux sont de *jeunes vieil-
lards*. Ils ont déjà tout vu, tout étudié, tout vécu,
pour ainsi dire. Les voilà diplômés, tout prêts
par conséquent à entrer dans la carrière libérale
qu'ils se sont choisie. Cela leur suffit. Ne leur
parlez plus de science, d'histoire, de philosophie ;
ils en sont saturés, ils en ont assez. Leur vie
morale et intellectuelle est remplie ; sous ce rapport, ils n'ont plus rien à apprendre, ils n'ont
plus qu'à oublier ! Et ils oublieront, soyez-en
sûrs, très rapidement ; car la nourriture spirituelle qu'ils ont absorbée n'a pas été assimilée.
Ils ne conserveront de leurs connaissances que
ce qui leur est indispensable pour leurs besoins
professionnels. Pour cacher le vide de leur âme,
ils joueront à l'indifférence, au scepticisme, et
appelleront cela de la sagesse ! Ils pourront pas-

ser pour bons fonctionnaires, bons notaires, bons médecins, etc.; étant donné les grades dont ils seront pourvus, on les dira savants, mais il leur manquera toujours ce que Renan nomme *l'esprit scientifique*, et ils seront incapables de rien faire pour le bonheur de l'humanité.

Ce n'est pas dans les salons bourgeois, si joliment décrits par Gustave Flaubert, où la stupidité règne en maîtresse, que ces jeunes hommes se débarrasseront du scepticisme qui asphyxie leur âme et de l'égoïsme qui dessèche leur cœur. Mais c'est là qu'ils se choisiront une compagne digne d'eux, sortant du couvent, bien pensante, bien ignorante, bien dotée, bien notée pour les futurs avantages que cette future maîtresse de maison pourra rapporter à l'Église . . . .

De l'Église, de ses besoins (insatiables !) on en parlera souvent dans la nouvelle famille ; de la Patrie républicaine, de l'organisation sociale, jamais. Il faut que des rustres comme Benoît Mâlon (1) apprennent à lire, s'instruisent tout seuls, résument en eux toutes les aspirations humaines, deviennent des hommes de génie, et, à la place de ces fruits secs de l'Université, travaillent avec vaillance et opiniâtreté à la résolution des grands problèmes de justice sociale.

O classe dirigeante, si tu ne peux rien par toi-même, au moins ouvre donc toutes grandes au peuple les portes du temple de lumière ! Car il en est de notre richesse spirituelle comme de l'autre : la

____

(1) Ceci a été écrit quelques jours avant la mort de ce grand citoyen.

France est riche, très riche, mais cette fortune nationale reste confinée dans quelques mains ; la répartition en est mauvaise, inique.

Nous avons dans nos villes d'éminents professeurs. Nous les voyons chaque jour traverser nos rues, le bras chargé d'une lourde serviette, la tête inclinée et soucieuse, portant dans leur cerveau le travail accumulé des générations passées : où vont-ils ? Offrir la science à une douzaine de privilégiés, dont la moité au moins en useront de la façon que j'ai dit plus haut. Pendant ce temps, le peuple qui vit à côté de ce trésor, le peuple qui paie ces maîtres, aura la ressource d'aller écouter les incohérences de quelque capucin détraqué ou les grossières inepties de quelque politicien de cabaret !

» Notre société, dit M. Renan, offre une lacune
» qu'il faut absolument combler. Nous n'avons
» rien d'analogue à l'école antique. Notre école
» est exclusivemect destinée à l'enfance et, par là
» vouée à un demi ridicule comme tout ce qui est
» pédagogique. Notre club est tout politique, et
» pourtant il faut à l'homme — et surtout à la
» femme — des réunions spirituelles. L'école an-
» tique était pour tous les âges le gymnase de
» l'esprit . . . Maintenant que l'Église n'est plus
» rien pour le peuple, qui la remplacera ? »

C'est à l'Université de répondre, depuis ses plus humbles fonctionnaires jusqu'aux plus élevés.

V

Je crois avoir suffisamment montré la nécessité absolue de créer des cours, des conférences, des fêtes populaires. J'ai montré aussi que les instituteurs de tous degrés sont naturellement désignés pour donner cet enseignement rationnel et scientifique, le seul dont puisse s'accommoder aujourd'hui l'esprit humain.

Mais les maîtres actuels de l'enfance sont-ils bien préparés à cette nouvelle mission ? quelles qualités leur faudra-t-il pour réussir ? Comment seront-ils payés pour ce surcroît de travail qui viendra s'ajouter à une tâche déjà bien lourde ? Je vais essayer de répondre à ces questions.

A défaut des qualités oratoires qui ont le don de captiver les foules, vous aurez la foi, qui rend puissant ; la sincérité, l'honnêteté, qui rendent éloquent ; la simplicité, qui vous rendra aimables et sympathiques à vos auditeurs. Les premiers apôtres du Christianisme n'étaient point des savants, et pourtant ils ont ébranlé le vieux monde. Les Jésuites qui sont des érudits, sont impuissants aujourd'hui à maintenir l'édifice croulant du catholicisme.

Il est bien entendu que vous n'enseignerez que ce que vous savez, que vous ne traiterez que des sujets mûrement étudiés et bien approfondis, que vous éviterez de pénétrer dans le domaine métaphysique, où tant d'autres se sont égarés, pour

vous renfermer dans les questions purement
scientifiques. Ne craignez pas que ces questions
manquent d'attrait et de poésie ; si vous êtes pé-
nétrés vous-mêmes de l'esprit scientifique, si
l'émotion s'empare de votre âme au récit des
grandes actions humaines ou à l'exposé des beaux
phénomènes de la nature, le peuple, qui aime le
merveilleux, se sentira gagné par votre admira-
tion enthousiaste : il vous suivra.

« Car le monde véritable que la science nous
» révèle est de beaucoup supérieur au monde
» fantastique créé par l'imagination. On eut mis
» l'esprit humain au défi de concevoir les plus
» étonnantes merveilles, on l'eut affranchi des
» limites que la réalisation impose toujours à
» l'idéal, qu'il n'eut pas osé concevoir la millième
» partie des splendeurs que l'observation a dé-
» montrées. Nous avons beau enfler nos concep-
» tions, nous n'enfantons que des atômes auprès
» de la réalité des choses. N'est-ce pas un fait
» étrange que toutes les idées que la science pri-
» mitive s'était formées sur le monde nous pa-
» raissent étroites, mesquines, ridicules, auprès
» de ce qui s'est trouvé véritable. La terre sem-
» blable à une colonne, à un disque, à un cône ;
» le soleil gros comme le Péléponèse, ou conçu
» comme un simple météore s'allumant tous les
» jours ; les étoiles roulant à quelques lieues sur
» une voûte solide ; des sphères concentriques,
» un univers fermé, étouffant ; des murailles, un
» cintre étroit contre lequel va se briser l'instinct
» de l'infini : voilà les plus brillantes hypothèses

» auxquelles était arrivé l'esprit humain. Au-
» delà, il est vrai, était le monde des anges avec
» ses éternelles splendeurs ; mais là encore,
» quelles étroites limites, quelles conceptions
» finies ! Le temple de notre Dieu n'est-il pas
» agrandi depuis que la science nous a décou-
» vert l'infinité des mondes !

. . . .

» Disons donc sans crainte que si le merveil-
» leux de la fiction a pu sembler jusqu'ici néces-
» saire à la poésie, le merveilleux de la nature,
» quand il sera dévoilé dans toute sa splendeur,
» constituera une poésie qui sera la réalité même,
» qui sera à la fois science, philosophie, reli-
» gion (1). »

Soyez donc honorés, mes chers Collègues,
plutôt qu'effrayés du rôle nouveau qui vous sera
dévolu et qui fera de vous des instituteurs vrais.

Vous indiquer à l'avance une ligne de conduite,
un programme à suivre, serait peut-être vous
entraver. Agissez selon vos forces, selon vos
moyens d'action, selon le milieu où vous êtes
placés. Agissez avec prudence, patience et dévouement. Surtout, prêchez d'exemple, c'est-à-
dire conformez votre conduite publique et privée
avec les beaux principes démocratiques qui
formeront le fond de votre enseignement. Ins-
pirez-vous de ces belles pensées de Quinet :

« La Révolution, dès l'origine, promet d'être à
» la fois religieuse et universelle ; d'où cette
» première conséquence que son esprit repousse

---

(1) RENAN. *L'Avenir de la Science.*

» tout ce qui peut diminuer la dignité intérieure
» du genre humain.

» Gardez-vous donc d'abaisser le niveau moral,
» croyant par là rendre plus aisé l'avénement de
» la démocratie ; vous feriez précisément l'op-
» posé de ce que vous voulez faire. J'ai bien peur,
» je l'avoue, de ces facilités de mœurs que l'on
» érige en belles théories. Vous voulez surmonter
» la bourgeoisie ; ne commencez pas par lui
» emprunter ses vices. Tout serait perdu si, par
» je ne sais quelle fascination, la misère morale
» des riches devenait l'objet de la convoitise des
» pauvres.

» Car je ne pense pas qu'à aucun prix l'homme,
» le genre humain, consente à déchoir du beau
» moral qu'il a une fois entrevu. Il ne suffirait
» pas que, du fond de l'abîme, un grand peuple
» criât : j'ai faim et soif. La pâture du corps lui
» serait jetée, mais il perdrait l'honneur d'exer-
» cer la magistrature du monde. L'avénement de
» la démocratie ne peut être qu'un nouveau
» progrès de l'esprit, de la civilisation, de l'ordre
» universel. Ou elle sera tout cela, ou elle ne
» sera jamais rien, ce qu'il est impie de supposer.

. . . .

» Il faut que l'esprit émancipe le corps : c'est
» ainsi que se sont accomplies toutes les éman-
» cipations durables que l'on connaît. . . . .

» Si la souveraineté du peuple n'est pas le plus
» trompeur des mots, c'est une âme royale qu'il
» faut élever dans ce berceau, non pas seulement
» un artisan dans l'atelier, un laboureur dans

» le sillon. Je ne veux pas seulement que la
» démocratie ait son pain quotidien ; avec
» l'esprit de mon siècle, je veux encore qu'elle
» règne : voilà pourquoi je demande d'elle des
» vertus souveraines (1). »

VI

Que voulez-vous que je vous dise de plus, mes
chers Collègues, sur un tel sujet ? Le travail des
âmes ne peut se tracer à l'avance, comme cela se
fait pour un projet de construction : il y a trop
de place pour l'imprévu. Essayez, commencez.
Beaucoup d'instituteurs ont déjà tenté cette noble
entreprise, et ils sont en train de réussir; donc,
la chose est possible. Permettez-moi de vous dire
ce que j'ai pu faire moi-même en ce sens, à une
époque qui offrait plus de dangers qu'aujourd'hui.
Pendant l'hiver de 1876-77, j'essayai en vain
d'organiser un cours d'adultes. Dans la petite
ville où j'étais instituteur, on venait de fonder un
de ces *cercles catholiques d'ouvriers*, dont vous
n'ignorez ni le but, ni le fonctionnement. La haute
et la petite noblesse du canton patronnaient cette
œuvre beaucoup plus politique que morale. Un
local bien confortable, des consommations de
tous genres, des jeux variés étaient offerts gratui-
tement aux ouvriers. Ceux-ci préférèrent aller
faire une partie de billard entre deux oraisons
que de venir s'instruire à la laïque. Ce n'était pas
encore "l'école sans Dieu". Si les jeunes ou-

____
(1) E. Quinet. *L'Avenir de la démocratie.*

vriers y perdaient en instructionet en intelligence, moi j'y perdais la modique rétribution accordée dans ce temps-là aux directeurs des cours d'adultes.

C'est alors, que je résolus d'organiser des conférences publiques, tous les dimanches, à trois heures. Au bout de peu de temps elles eurent un plein succès. J'y traitais des questions d'histoire. Je me gardais bien de faire un cours *ex-professo*, suivant les faits, pas à pas, date par date. Non, je résumais les grandes époques, je faisais ressortir les grands mouvements populaires, n'oubliant pas à chaque séance, de comparer la situation faite à nos pères avec notre état présent.

C'étaient des sujets comme ceux-ci:

L'esclavage, le *servage*, le *prolétariat*.

La société féodale.

Les communes du moyen-âge.

La renaissance, etc..

A propos d'histoire, on peut parler de beaucoup de choses : du progrès des arts, des sciences, de l'industrie, du commerce.

Parfois, je groupais les faits principaux d'une époque, et surtout ses tendances, autour de la biographie d'un personnage illustre :

Jeanne d'Arc.

Les précurseurs de Luther. — Jean Hus, Jérôme de Prague.

Les martyrs de la liberté de penser.

Les martyrs de la science.

Christophe Colomb.

Luther. — La Réforme.

Bernard Palissy.

Cette façon de procéder me réussissait et avait auprès des auditeurs tout l'attrait du roman ; chaque personnage apparaissait comme le héros d'une belle épopée.

Chaque causerie était suivie d'une séance musicale donnée par la fanfare de l'école.

Les ouvriers bien-pensants menaçaient de déserter le cercle catholique malgré les attractions qu'ils y trouvaient, pour venir aux cours de l'école laïque. Mais je n'eus pas le loisir de continuer cet enseignement moral et patriotique par l'histoire. Je fus payé de mon zèle d'une singulière façon : le coup d'État du Seize-Mai étant survenu, les " hommes d'ordre " me dénoncèrent à leur préfet comme " faisant des conférences ayant un caractère politique " et demandèrent ma révocation. Ils obtinrent seulement mon envoi en disgrâce dans un trou malsain.

Vous me direz, mes chers collègues, qu'un tel résultat n'est point fait pour vous encourager à imiter mon exemple. Mais les temps sont changés ; la République est aujourd'hui acceptée par tout le monde. Je ne vous garantis pas, cependant, que vous ne rencontrerez aucune difficulté, que vous ne serez pas en butte aux accusations calomnieuses, qu'il ne se trouvera jamais parmi vos chefs, des *Pilates* tout prêts à se laver les mains des coups qui vous seront portés.

L'important, c'est que vous soyez justes et vrais : vous finirez par avoir le peuple pour vous. Restez fermes dans votre foi. Pour ma part, vous le voyez, je suis resté *incorrigible* !

En 1879, dans un nouveau poste, j'organisai des Cours d'adultes. Les élèves étaient divisés en trois cours, selon leur force ; chaque cours était placé sous la direction d'un maître.

En 1883, tandis que mes adjoints étaient chargés de ces cours du soir, moi je recommençais mes conférences d'histoire — ayant le même caractère politique que celles de 1877. — Elles avaient lieu le samedi soir. Cette fois, elles ne m'attirèrent aucune disgrâce de la part de l'Administration ; au contraire, elles me furent payées à raison de 10 francs par séance sur un crédit départemental.

Je les continuerais encore si ma santé, brisée par un travail excessif, par les déboires, et surtout par 16 ans de séjour dans des locaux malsains, ne m'avait forcé de quitter l'enseignement.

Aujourd'hui, faible, meurtri, souffrant, je ne me repens point de ce que j'ai fait, persuadé qu'il n'est pas d'autre moyen pour sortir du cercle vicieux où nous sommes enfermés : La République qui ne peut vivre sans la Science, la Science qui ne peut régner que par la République.

VII

Pardon, mes chers Collègues, si je vous ai parlé de moi.

Après tout, je pourrai m'endormir avec l'idée de ne pas avoir fait fausse route. Car, voilà que des cours et des conférences populaires vont s'organiser par toute la France. Des sociétés se forment dans ce but, sous le haut patronage du

Ministère de l'Instruction publique ; elles font appel à votre bon vouloir. Vous n'aurez plus rien à craindre des pouvoirs publics ; au contraire, ils vous soutiendront.

Il y a d'abord la *Société nationale des Conférences populaires*, 13, place de la Bourse, dont les membres font des conférences qui sont ensuite publiées et répandues dans toute la France pour être lues par les correspondants de la Société. La plupart de ces correspondants sont des instituteurs.

Dans la première assemblée générale de cette Société, M. Steeg, délégué du Ministre, disait :

« Vous pouvez compter pour cette œuvre sur
» le concours des instituteurs ; ils sont l'armée
» du progrès. Ils représentent dans chaque com-
» mune, l'esprit moderne, la guerre à l'igno-
» rance et aux préjugés funestes, le dévouement
» au devoir civique. Les leçons qu'ils donnent,
» ils savent aussi les pratiquer. Sans sortir de la
» modestie et de la simplicité de leurs habitudes,
» ils ne se refuseront pas à continuer dans la vie,
» auprès des adultes, l'œuvre de l'école, à en
» prolonger et à en développer les enseignements.
» Vous cherchez des hommes de bonne volonté
» pour lire vos conférences dans nos villages et
» dans nos villes ; vous n'avez pas besoin d'aller
» plus loin, les voilà. Ils y apporteront leur expé-
» périence, leur autorité morale, leur cœur. Je
» serais bien surpris s'ils n'étaient pas au pre-
» mier rang de vos auxiliaires et de vos propa-
» gandistes. »

Il existe encore le *Cercle populaire des amis de l'enseignement laïque*, autorisé par arrêté ministériel du 17 avril 1891.

Voici un extrait des statuts de cette association :

« Art. 2. — Elle se propose, par ses cours du
» soir, par ses conférences, par ses publications
» et par la création de nombreux *cercles popu-*
» *laires* dans les communes de France, de pré-
» parer les esprits à bien comprendre l'évolution
» sociale qui doit faire du travail la seule base
» et la vraie loi morale de la société future, dont
» la religion sans dogme, sera la solidarité.

» Par des subventions annuelles, la société
» soutiendra les instituteurs insuffisamment
» rétribués des petites communes, et elle offrira
» aux diverses sociétés d'enseignement des livrets
» de caisse d'épargne, ou des diplômes à dis-
» tribuer en récompense aux élèves les plus
» méritants.

» N'admettant qu'une éducation exclusivement
» laïque, elle demande aux artistes, aux poètes et
» aux écrivains de l'aider dans ce sens, et elle
» impose à ses conférenciers un plan de cam-
» pagne pour propager méthodiquement ses
» idées.

» Le Cercle poursuivant, par tous les moyens
» légaux, l'unité de la science dans l'enseigne-
» ment et l'unité d'éducation avec l'idéal social
» substitué à l'idéal religieux, encouragera les
» œuvres d'assistance, de patronage, de pré-
» voyance, et toutes celles qui, de près ou de

» loin, pourraient leur faciliter sa mission. »

Il existe sans doute encore d'autres sociétés de ce genre (1). De nouveaux moyens d'action s'offrent donc à vous. Il faut en profiter.

Maintenant, en attendant une organisation nouvelle des communes, en attendant que les Pouvoirs publics, expression des volontés d'une Démocration éclairée et triomphante, comprennent ce nouveau service dans votre mission d'éducateurs, et, pour ce vous honorent et vous accordent des traitements qui garantissent votre dépendance, comment serez-vous payés, dès aujourd'hui, de ce travail supplémentaire ?

Je n'en sais rien. Je ne puis le prévoir ; mais je dis qu'il ne faut pas attendre, pour commencer votre œuvre, que de larges crédits y soient affectés.

_____

(1) Et les citer, suffit à rappeler la magnifique floraison de l'instruction et de l'éducation populaires qu'elles ont provoquée. Ce sont : La *Ligue de l'Enseignement*, l'*Association philotechnique*, la *Société philomatique de Bordeaux*, la *Société pour l'Instruction élémentaire*, l'*Association des Membres de l'Enseignement*, la *Société de Lecture et de Récitation*, l'*Union des Instituteurs de la Seine*, l'*Association des Instituteurs de la Seine*, la *Société de Topographie*, l'*Association amicale de la rue d'Aligre*, l'*Orphelinat de Seine-et-Marne*, la *Société Positiviste*, la *Société havraise d'enseignement par l'aspect*, l'*Association polytechnique*, la *Société amicale du Puy-de-Dôme*, la *Société Franklin*, le *Groupe des Étudiants*, la *Maison Maternelle*, l'*Union française de la Jeunesse*, la *Société Populaire des Beaux-Arts*, et cent autres associations de Paris ou des provinces. (Note de la Direction) .

Espérons que les communes, que les départements qui ont une représentation républicaine n'hésiteront pas à faire les sacrifices nécessaires pour une œuvre dont dépend l'avenir, le salut même de la Patrie.

Je propose d'émettre les vœux suivants :

1° Que pour continuer l'œuvre d'éducation morale, civique, gymnastique et militaire commencée à l'école, la jeunesse des communes soit placée, jusqu'à vingt ans, sous la direction générale des instituteurs assistés d'instructeurs autorisés, honorables et capables d'inspirer à nos enfants l'amour de la patrie et de la vraie liberté !

2° Qu'il soit créé des patronages de jeunes filles sous la direction des institutrices.

3° Que l'examen du Certificat d'études primaires soit relevé ; qu'il porte sur toutes les matières du programme de l'enseignement primaire et que les jeunes gens soient admis à se présenter à cet examen de 13 à 20 ans.

4° (*Préparation au service militaire actif de deux ans.*) Que des exercices militaires soient établis périodiquement au chef-lieu de canton (destiné à devenir plus tard chef-lieu de la commune nouvelle) pour les jeunes gens de 17 à 20 ans. — Exemption d'un an de service actif en faveur des jeunes gens qui, étant pourvus au moins du Certificat d'études primaires, pourront justifier après deux ans de présence au corps et après examen, d'une *instruction générale* suffisante pour pouvoir être renvoyés dans leurs foyers.

5° Établissement de fêtes populaires à l'occasion des réunions de la jeunesse — Conférences — Séances littéraires et musicales.

6° *(Agrandissement et organisation des Communes.)* — Que le Ministère de l'Instruction publique mette au concours un ouvrage portant le titre suivant :

Les Communes

Le Passé — le Présent — l'Avenir,
et que des prix de 3 000 fr., 1 000, 500, 300, et 200 fr, soient accordés aux cinq meilleurs mémoires sur la matière.

La démocratie ne peut vivre ensorrée dans le vieux maillot monarchique. Il faut lui enlever cet appareil qui la paralyse et la tue.

DÉCRET

DU 11 JANVIER 1895

Réorganisant les Cours d'Adultes et Conférences

Le Président de la République française,

Sur le rapport du Ministre de l'Instruction publique et des Beaux-Arts,

Vu la loi du 30 octobre 1886, article 8 ;

Vu le décret du 18 janvier 1887, articles 98 à 105,

Le Conseil supérieur de l'Instruction publique entendu ,

Décrète :

Article premier. — Les articles 98, 99, 102, 103, 104, 105 du décret du 18 janvier 1887 sont modifiés ou remplacés ainsi qu'il suit :

« Art. 98. — Les cours d'adultes et d'apprentis sont créés par le Préfet à la demande du Conseil municipal et sur l'avis de l'Inspecteur d'Académie.

» Art. 99. — Dans les classes d'adultes ou d'apprentis, l'enseignement peut porter sur les matières de l'instruction élémentaire et supérieure, telles qu'elles sont fixées par les lois et règlements, ou comprendre des cours théoriques

et pratiques spécialement appropriés aux besoins de la région.

» Art. 102. — *Les cours d'adultes peuvent comprendre des classes destinées aux illettrés, des cours spéciaux pour les jeunes gens qui désirent compléter leur instruction, des conférences et des lectures communes à tous. Il pourra être établi deux ou plusieurs sections distinctes, suivant l'âge et le degré d'instruction des élèves.*

» Art. 103. — *Aucun instituteur public ne peut être contraint de diriger un cours d'adultes.*

» *Les cours et conférences peuvent être confiés à toute personne qui en fera la demande sur la proposition du Maire, approuvée par le Préfet, après avis de l'Inspecteur d'Académie. Le programme de ces cours et conférences sera soumis à l'Inspecteur d'Académie en même temps que la demande.*

» Art. 104. — *La subvention de l'État ne peut être accordée aux cours d'adultes ou d'apprentis que si la commune se charge des dépenses de chauffage et d'éclairage. Cette subvention, allouée sur la proposition du Préfet, ne dépassera pas la moitié des frais qu'entraînent ces cours.*

» *Des subventions de l'État ainsi que des concessions de livres et de matériel d'enseignement pourront être allouées aux associations d'enseignement créées en vue d'organiser des cours d'adultes ou d'apprentis.*

» Art. 105. — *Lorsque la commune prend à sa charge les frais du cours, les conditions de rémunération sont fixées de gré à gré entre la commune et le directeur du cours d'adultes.* »

Art. 2. — L'arrêté du 22 juillet 1884 (1) et les autres dispositions contraires au présent décret.sont et demeurent abrogés.

Art. 3. — Le Ministre de l'Instruction publique et des Beaux-Arts est chargé de l'exécution du présent décret.

Fait à Paris, le 11 janvier 1895.

CASIMIR-PERIER.

Par le Président de la République :
Le Ministre de l'Instruction publique
et des Beaux-Arts,

G. LEYGUES.

(Journal Officiel, *12 janvier 1895.*)

---

(1) L'*Arrêté* du 22 juillet 1884, complétement abrogé, était relatif aux conditions d'organisation des cours d'adultes subventionnés (signé : A. Fallières). Il stipulait, en quinze articles, les démarches préliminaires des Conseils municipaux, la liberté de l'instituteur de diriger ou non des cours, destinés aux illettrés et aux jeunes gens dont l'instruction était incomplète, la division des études, l'état des noms des élèves, la durée des classes, l'âge de 13 ans au moins exigé, l'envoi mensuel à l'inspecteur primaire des feuilles de présence, la conservation des cahiers de devoirs, la rétribution de l'instituteur (supportée par les communes et l'État), l'état de fin des cours de l'inspecteur d'Académie, et des dispositions transitoires pour le premier exercice (1884-1885).

DÉCRET

DU 18 JANVIER 1887

(Articles 98 à 105 modifiés ou remplacés par le Décret du 11 janvier 1895.)

ART. 98. — La création des classes publiques d'adultes ou d'apprentis est soumise aux mêmes formalités légales que la création des écoles primaires publiques.

ART. 99. — Dans les classes d'adultes ou d'apprentis, l'enseignement a un caractère pratique et plus spécialement approprié aux professions.

ART. 100. — Ne peuvent être admis à suivre les classes d'adultes que les enfants âgés d'au moins treize ans.

ART. 101. — Les classes d'adultes ou d'apprentis sont soumises aux mêmes inspections que les écoles primaires.

ART. 102. — Dans les classes publiques d'adultes ou d'apprentis, il y aura un registre d'appel régulièrement tenu. Chaque élève aura obligatoirement un cahier sur lequel il consignera jour par jour et à leur date, tous les devoirs et exercices faits par lui. Ce cahier restera déposé à l'école, de façon que les résultats de la classe puissent toujours et sûrement être contrôlés par les autorités.

Art. 103. — Quand une classe publique d'adultes ou d'apprentis aura été régulièrement créée, il pourra lui être alloué, sur la proposition du Préfet, à titre d'encouragement ou de récompense : 1° une subvention de l'État qui ne pourra dépasser la moitié des frais de tenue et d'entretien qu'elle entraine ; 2° des concessions de matériel d'enseignement.

Art. 104. — La subvention de l'État ne peut être accordée à des classes publiques d'adultes ou d'apprentis, après épuisement des ressources communales, que si ces classes durent cinq mois au moins, si la commune se charge du chauffage et de l'éclairage et si elle contribue, en outre, à la rémunération des instituteurs qui dirigent ces classes.

Art. 105. — Des décisions ministérielles détermineront les conditions d'organisation et de subvention des classes publiques d'adultes ou d'apprentis.

DOCUMENTS

Voici, à titre de documents, les principaux actes préparatoires de l'année 1895, pour la réorganisation des cours d'adultes et conférences :

I

ARRÊTÉ

Instituant une Commission chargée d'examiner les moyens de mettre à la disposition des Sociétés d'instruction populaire les appareils de projections lumineuses et les collections de vues photographiques pouvant servir à l'enseignement dans les cours d'adultes et dans les conférences populaires.

Le Ministre de l'Instruction publique, des Beaux-Arts et des Cultes,

Arrête :

ARTICLE PREMIER. — Il est institué une Commission chargée d'examiner les moyens de mettre à la disposition des sociétés d'instruction populaire les appareils de projections lumineuses et les collections de vues photographiques pouvant servir à l'enseignement dans les cours d'adultes et conférences populaires.

Cette Commission pourra, en outre, être saisie de toutes autres questions relatives au perfectionnement des moyens d'enseignement dans ces cours et ces conférences, ainsi qu'aux divers encouragements que l'État peut leur accorder.

Art. 2. — Cette Commission est composée ainsi qu'il suit :

M. le Vice-Recteur de l'Académie de Paris, président ;

MM. les Directeurs du Ministère de l'Instruction publique et des Beaux-Arts, vice-présidents ;

Quatre inspecteurs généraux de l'enseignement primaire ;

Quatre membres du Conseil supérieur de l'Instruction publique ;

Le directeur du Musée pédagogique ;

Cinq membres pris parmi les membres des commissions des sciences, de l'imagerie scolaire et des bibliothèques populaires ;

Trois professeurs de sciences des lycées ou des écoles normales ;

Deux inspecteurs primaires ;

Trois directeurs d'écoles ;

Le président ou un délégué de la Chambre syndicale de photographie ;

De la Société française de photographie ;

Du Cercle de la Librairie ;

Le président ou un délégué de chacune des sociétés ci-après :

Société pour l'Instruction élémentaire ;

Ligue de l'Enseignement ;

Association polytechnique :

Association philotechnique ;

Union de la Jeunesse ;

Société havraise de l'Enseignement par l'aspect :

Société nationale des Conférences populaires ;

Société républicaine des Conférences populaires ;

Société Franklin.

Art. 3. — La Commission entendra les personnes qui demanderaient à lui exposer des procédés de perfectionnement matériel dans l'outillage scolaire. Elle pourra appeler à participer à ses délibérations les spécialistes à la compétence desquels elle croira devoir faire appel.

Paris, 31 mars 1895.

Le Ministre de l'Instruction publique
et des Beaux-Arts,
R. POINCARRÉ.

II

RÉUNION PRÉPARATOIRE

Réunion préparatoire pour la nomination du comité provisoire du *Congrès du Havre*, pour la rédaction d'un règlement intérieur et pour l'élaboration du programme des travaux du congrès, au Musée pédagogique, 41, rue Gay-Lussac, Paris, le samedi 8 juin 1855.

(Toutes les sociétés d'instruction et d'éducation populaires représentées et les revues d'enseignement.

III

CONGRÈS DU HAVRE

Congrès libre des Sociétés d'instruction et d'éducation populaires, tenu au Havre, les 30 et 31 août et 1ᵉʳ septembre 1895.

Organisé sur l'initiative et par les soins de la *Société havraise de l'Enseignement par l'aspect*, à l'occasion de son quinzième anniversaire.

Présidence d'honneur de M. le Ministre de l'Instruction publique.

Objet du Congrès : *Étude pratique des meilleurs moyens d'organiser les cours d'adultes et les conférences populaires.*

IMP. LAFFAILLE, 44, RUE DE BAGNEUX, MONTROUGE-SEINE.

www.ingramcontent.com/pod-product-compliance
Lightning Source LLC
LaVergne TN
LVHW020551060726
842525LV00004B/1393